AF311903

VILLE DE CAMBRAI

(NORD)

COLLECTIONS

DE FEU

M. Victor DELATTRE

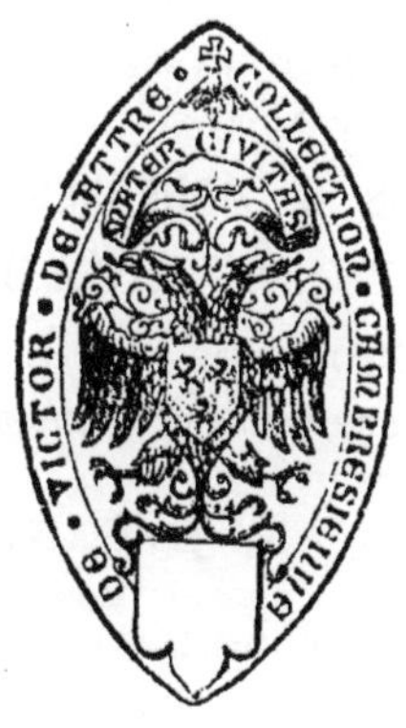

DÉCEMBRE 1889.

VILLE DE CAMBRAI (Nord)

CATALOGUE
DES COLLECTIONS

DE FEU

M. Victor DELATTRE

COMPRENANT :

REMARQUABLE SÉRIE DE SCULPTURES

des XIV au XVIImes Siècles.

TAPISSERIES, ÉTOFFES, BRODERIES.

ÉTENDARDS & GUIDONS

des XVII au XIXmes Siècles.

Faïences, Verrerie, Meubles, Pendules, Objets divers.

Objets Préhistoriques, Gallo-Romains et Mérovingiens.

OBJETS RELATIFS A FÉNELON

et à Notre-Dame de Grâce, de Cambrai.

CURIOSITÉS DIVERSES

Plans, Cartes, Objets d'Histoires des Flandres
et de l'époque Révolutionnaire.

TABLEAUX ANCIENS & MODERNES

BEAU PORTRAIT par RIGAUD.

Dont la vente aura lieu à Cambrai, 30, rue St-Fiacre,
du 9 au 14 Décembre 1889, à une heure et demie précise.

Mᵉ HAY	M. E. GANDOUIN
COMMISSAIRE-PRISEUR	EXPERT
à Cambrai (Nord).	31, Rue des Saints-Pères, Paris.

Chez lesquels se distribue le Catalogue.

**Expositions publiques Samedi 7 et Dimanche 8 Décembre
de dix à quatre heures.**

CONDITIONS DE LA VENTE.

—

Elle sera faite au comptant.

Les Acquéreurs paieront DIX POUR CENT en sus des adjudications, applicables aux frais.

Le commissaire-priseur et l'expert chargés de la vente se réservent la faculté de réunir ou diviser les lots.

En cas de contestation sur une enchère, l'objet sera remis immédiatement en vente.

L'ordre numérique du Catalogue pourra ne pas être suivi à aucune des vacations.

—

Aucun objet ne sera retiré avant la vente, ni vendu à l'amiable.

La tapisserie — cheminées, boiseries, fragments sculptés. Le manteau de cheminée en grès, le baptistère et les débris archéologiques seront vendus sur place le jeudi 12 décembre, rue Saint-Fiacre, de 9 h. 1/2 du matin à midi, et le lendemain s'il y a lieu, aux mêmes heures.

LE CATALOGUE SE DISTRIBUE

à **AMIENS**. . .   chez M. LEFEVRE, antiquaire,
à **ARRAS** . .   — M. COSSIAU, rue des Trois-Faucilles,
à **BEAUVAIS** . .   — M. MARECHAL,
à **BRUXELLES** .   — M. LAMPE, Expert des Musées royaux,
rue Traversière, 42,
à **DOUAI** . . .   — M. MAILLIEZ, rue de Valenciennes, 3o,
à **LIÈGE** . , .   — M. RENARD, rue Saint-Jacques, 1,
à **LILLE** . . .   — M CARLIER, rue Esquermoise, 7,
— . . .   — M. SENOUTZEN, orfèvre, rue Esquermoise, 18,
à **LONDRES** .   — MM. CHRISTIE, MANSON et WOODS,
8, King Street, Saint-James, S. W.
à **PARIS** . .   — M. E. GANDOUIN, rue des Sts-Pères, 3t,
et *Journal des Arts*, rue Le Peletier, 47,
à **ROUEN** . . .   — M. LEFRANÇOIS rue d'Amiens, 46.
à **TOURS** . . .   — M. CHAMPIGNY, antiquaire, rue de la
Sellerie.
à **VALENCIENNES**   — M. MAILLARD, rue Saint-Géry.

Et chez MM. les Commissaires-Priseurs des villes environ-
nantes.

NOTA.

M. GANDOUIN, expert, chargé de la Vente, remplira
les Commissions des personnes qui ne pourraient y
assister.

Il se charge de toutes expertises et rédaction de Cata-
logues, pour collections particulières et pour celles
destinées à être vendues aux enchères, ainsi que d'esti-
mations d'Objets d'art pour partages de succession et
autres cas.

ORDRE DES VACATIONS.

Lundi 9 Décembre 1889, à 1 h. 1/2. — Faïences anciennes — Verrerie — Ferronnerie — Pentures — Entrées — Verrous — Etendards — Guidons — Etoffes — Chasuble — Vitraux anciens.

Mardi 10 Décembre 1889, à 1 h. 1/2 — Plaques de fonte — Curiosités diverses — Objets relatifs à Fénelon, au culte et à N.-D. de Grâce — Découpures de Cadet Roussel.

Mercredi 11 Décembre 1889, à 1 h. 1/2 — Suite des curiosités — Plaques en cuivre gravé, bois gravés pour impressions — Objets relatifs à la Période révolutionnaire, Empire, Restauration — Enseignes — Instruments de musique.

Jeudi matin 12 Décembre 1889, à 9 h. 1/2. — Sculptures diverses, Cheminée du XVIe en grès, Baptistère roman, Colonnes — Débris de monuments archéologiques, etc.

Jeudi soir 12 Décembre 1889, à 1 h. 1/2. — Sculptures en marbre et en bois, n° 1 à 50 — Tapisserie — Statues et statuettes en bois, panneaux — Monument funéraire de GUILLAUME DU FAY.

Vendredi 13 Décembre 1889, à 1 h. 1/2. — Tableaux anciens et modernes, Aquarelles, Miniatures, Dessins, Gravures.

Samedi 14 Décembre 1889, à 1 h. 1/2 — Objets préhistoriques, Gallo-Romains, Mérovingiens, Gothiques et du XVIe.

NOTA. — *Les Vacations commenceront toutes à l'heure exacte. Il ne sera rien vendu à l'amiable, ni retiré de la vente.*

Dans la dernière livraison de l'*Annuaire de la Société française de Numismatique et d'Archéologie*, un des savants les plus distingués du Nord, M. Dancoisne, écrivait ceci :

« Nous avons à déplorer une perte bien sensible pour l'histoire du Nord de la France, celle de M. Victor Delattre.

« Né à Cambrai le 5 Août 1818, il fut en 1849 appelé à remplir les honorables fonctions de receveur municipal de sa ville natale. L'amour du pays qui avait abrité son berceau et qui devait protéger sa tombe, lui avait inspiré dès sa jeunesse, l'étude approfondie, le culte de tout ce qui concernait son cher Cambrai.

« Après un demi-siècle de recherches suivies, l'ardent investigateur était parvenu à former son admirable collection qui est à elle seule un véritable musée.

« Bon, aimable, affable, toujours prêt à se rendre utile, M. Victor Delattre avait toute l'estime de ses concitoyens, de ses confrères, et de ceux qui l'ont connu. On ne saurait oublier l'accueil si sympathique qu'il se plaisait à faire aux nombreux visiteurs de son superbe cabinet....»

Les travaux d'érudition qu'il publia, tant sur la numismatique que sur l'épigraphie et l'archéologie, sont nombreux ; souvent ils obtinrent les plus hautes distinctions dans les concours des sociétés savantes dont il était un membre écouté.

Les Expositions auxquelles il voulait bien de temps à autre, prêter quelques-unes des pièces les plus intéressantes de sa collection, tiraient un relief de ces objets, car M. Victor Delattre avait su recueillir avec un goût exquis des choses qui eussent échappé à des amateurs moins perspicaces que lui.

A citer : Le monument funéraire de Guillaume du Fay, l'un des plus grands musiciens de son temps, introducteur du chant grégorien en Flandre ; celui du premier gouverneur de Cambrai pour la France ; des sculptures de l'Ecole de Bourgogne, dont les ducs, on le sait, protégèrent si magnifiquement les artistes flamands; une belle œuvre de II. Rigaud, le *Portrait de l'archevêque Charles de Saint-Albin.*

Les circonstances ne permettant pas de conserver dans son local ce magnifique cabinet, la collection de M. Victor Delattre va passer aux enchères.

La grande notoriété dont elle jouissait nous dispense de faire un volumineux catalogue. Nous devons dire néanmoins que les amateurs trouveront, en outre des séries remarquables que nous venons d'indiquer, quantité d'objets mérovingiens, gothiques et du XVIe siècle, chargés de ciselures et d'inscriptions. ainsi que des étendards, étoffes, imagerie, objets révolutionnaires et relatifs à la mémoire de l'illustre Fénelon.

En un mot, la vente de cette collection réservera, nous en sommes sûrs, de nombreuses surprises à ceux qui voudront en suivre les vacations.

DÉSIGNATION.

SCULPTURES

1. Groupe en pierre de St-Claude (Jésus et disciples d'Emmaüs) XVIe siècle, fracturé. H. 0,35. — L. 0,35.

2. Ange en pierre de St-Claude XVIe siècle, bras fracturé.

3. Chanoine agenouillé priant, XVIe siècle, mains fracturées. H. 0,75. — L. 0,45.

4. St-Léonard avec un prisonnier à genoux, pierre de St-Claude. H. 0,60. -- L. 0,20.

5. Tête de vierge, pierre de St-Claude, buste.. H. 0,25. — L. 0,22.

6. Deux cariatides, pierre peinte, fracturées. H. 0,57. — L. 0,20.

7. Petit fût de colonne en pierre de Tournai, chapiteau ordre conique. H. 0,40.

8. Petit fût de colonne en marbre du Languedoc. H. 0,40.

9. Deux pendentifs d'orgue, époque Louis XIV.

10. Tableau d'autel en marbre de St-Claude (calvaire, nombreux personnages, (haut relief, cadre. H. 1,00. — L. 0,65.

11. Groupe de deux Séraphins, jouant du luth et du triangle, fin du XVe siècle. H. 0,45. — L. 0,30.

12. Pendant du précédent, joueurs de harpe et de flûte, (même époque). H. 0,42. — L. 0,30

13. La sainte Cène, groupe du XVIe siècle, pierre de St-Claude. H. 0,40. — L. 0,30.

14. Statuette de femme distribuant du pain, figure
des œuvres de miséricorde, pierre de St-Claude,
XVI⁰ siècle. н. 0,65. — ʟ. 0,25.

15. Statuette de femme faisant pendant : « Donnez à
boire à ceux qui ont soif », XVI⁰ siècle. н. 0,65. —
ʟ. 0,25.

16. Tête de statuette présumée d'un chanoine, XVI⁰ siècle. н. 0,20.

17. Le Christ présenté au peuple, composition en haut
relief, albâtre sur fond doré, cadre chêne, XVI⁰
siècle. н. 0,30. — ʟ. 0,60.

18. La Cène chez Simon le lépreux, 8 figures XV⁰ siècle
sculpté fond doré archaïque, encadrement chêne.
н. 0,80. — ʟ. 0,70.

19. Assomption de la sainte Vierge, XVII⁰ siècle, marbre. н. 0,50 — ʟ. 0,70.

20. La charité d'après Michel-Ange, albâtre, encadrement bois sculpté, ajouré.

21. Mise au tombeau, XVI⁰, marbre, quelques restaura-
tions.

22. Deux figures assises sur des consoles renversées,
représentant la Justice et la Foi, bois, époque Louis
XIV, demi-nature, proviennent d'une cimaise de
porte.

23. Deux cariatides chimériques, chêne sculpté, avec
manteau à godrons, travail époque Louis XIII.

24. Marbre, groupe de trois figures assistant à l'Ascen-
sion, art flamand.

25. Marbre saint Jean, avec broderies XV⁰ siècle.
н. 0,42 — ʟ. 0. 13.

26. Marbre figure analogue. н. 0,42 — ʟ. 0,18.

27. Pierre de Tournai : plaque du monument funéraire
de GUILLAUME DE FAY, introducteur du chant grégorien en Flandre.
Cette plaque mesure 0,80 de hauteur sur 0,90 de
largeur, et représente, dans le plus beau style du
XV⁰ siècle, la scène de la *Résurrection*. 9 figures

avec les donataires. On remarque les monogrammes en rébus, au chiffre du célèbre maître de chapelle, qui forment les coins de l'inscription gothique du monument.

28. Marbre : la Mort de la Vierge, demi-relief du XVIe siècle.

29. Marbre : figure d'enfant couché à droite, époque Louis XIII.

30. Marbre : pendant du précédent, couché à gauche.

31. Albâtre italien du XVIe siècle, encadré de noir : la Descente de Croix.

32. Marbre : l'Assomption.

33. Palmettes marbre, époque Louis XIII.

34. Groupe de quatre figures du XVIe siècle, marbre de St-Claude, représentant la sainte Vierge et saint Joseph demandant l'enfant Jésus.

35. Marbre de Carrare : Monument funéraire de Barthélemy de Gélas, chevalier de Césen, premier gouverneur de Cambrai pour la France de 1677 à 1681. H. 1,10. — L. 0,95.

36. Marbre : Christ en croix, travail très remarquable de l'époque du XIVe siècle. H. 1,70. — L. 0,80.

37. Marbre : la Vierge et l'Enfant, école de Jean de Bologne. H. 0,83 — L. 0,30

38. Marbre St-Claude : Figure allégorique de la Foi XVIe siècle, école de Valenciennes. H. 0,77 -- L. 0,33.

39. Marbre : personnage agenouillé présumé être un gouverneur de Cambrai, XVIIe siècle. H. 1,43 — L. 0,35.

40. Marbre : saint Jean vêtu d'une peau de bête, XVIe siècle.

41. Marbre : Vierge au pied de la Croix, XVe siècle.

42. Marbre St-Claude : Saint Jean-Baptiste assis et tenant l'agneau, main droite fracturée, fin du XVIe siècle. H. 78. — L. 45.

43. Marbre : Jésus sortant du tombeau XVIe siècle. H. 88. — L. 38.

44. Marbre : Abbé tenant la crosse et bénissant, fin du XVIe siècle. H. 88. — L. 30.

45. Marbre de St-Claude : Saint Michel terrassant le démon, XVe siècle, très beaux et curieux détails d'armure. H. 98. - L. 35.

46. Marbre : Groupe des œuvres de miséricorde : (recevoir les étrangers), tête fracturée, XVIe siècle. H. 48. — L. 68.

47. Marbre : Tête de Méduse, buste attribué à Duquesnoy. H. 55. — L. 30.

48. Les quatre évangélistes, chêne sculpté, époque Louis XIV, (sera divisé). H. 0,65 — L. 0,45.

49. Jésus apparaissant à saint Bruno, bas relief du XVIe siècle. H. 0,43 -- L. 0,37.

50. Statue d'évêque, chêne sculpté, époque gothique, Buste de saint Grégoire, bois sculpté L. XIII. Vierge tenant l'enfant, bois sculpté L. XIV. Corniche de porte époque L. XIII, chêne sculpté, Petites frises en chêne sculpté, renaissance.
Nombreuses autres sculptures sur bois, bas de rampe, porte grille avec dauphins, panneaux à serviettes, style gothique, etc., etc.
Plus les numéros omis. (Ce numéro sera divisé).

TABLEAUX

51. E. Leroy. — Paysage.

52. Ferragu. — Hôtel de Ville et place de Cambrai en 1852, lors des fêtes du Jubilé séculaire de N.-D. de Grâce.

53. Ferragu. — Fête de Cambrai, marche historique, programme de M. Eugène Bouly en 1851.

54. Ferragu. — Portrait de M. l'abbé Capelle

55. Bouton (d'après). — Une crypte.

56. Isabey (d'après). — Marine.

57. Finard (d'après). — Cavaliers persans.

58. Deligne, peintre de St-Quentin. — Abraham renvoyant Agar, (esquisse).

59. Inconnu. — Notre-Dame de Grâce.

60. Van Loo (d'après). — Portrait du roi Louis XV enfant.

61. Momal — Portrait de Mgr Belmas.

62. — Inconnu. — Tableau allégorique de la Compagnie des archers : bouquet provincial de 1786.

63. — Ecole flamande. — Vue du port de Dunkerque.

64. — Van der Meulen — Reddition de Cambrai à Louis XIV (composition gravée). Le même tableau plus grand existe au Musée de Versailles.

65 Ecole Byzantine. — La sainte Vierge et l'enfant Jésus.

66. Ecole française. — Compagnie bourgeoise des arbalétriers de Cambrai, en 1786, cadre bois sculpté. Costumes documentaires et intéressants.

67. Ecole française. — Compagnie d'arbalétriers et d'arquebusiers de Cambrai en 1780. Costumes documentaires et intéressants.

68. Ecole française. — Saint-Géry.

69.   id.   — Les armoiries des peintres de Cambrai, (grisaille).

70. Ecole française. — Vue de Cambrai, d'après la gouache de 1544.

71. Ecole française. — Adrien-François Mazille, dédiant sa thèse de droit à Notre-Dame de Grâce.

72. Ecole française. — Tableaux, fruits et natures mortes.

73. Parizeau. — Baptême du Christ, (dessin rehaussé).

74.   id.   — Vestales prononçant leurs vœux, (dessin rehaussé).

75 Franck (Ambroise). — L'adoration des Mages.

76. Inconnu. — Portrait funèbre de Géry Balicque, sauveur de la ville de Cambrai en 1542·

77. Marrocchi de Bellica. — Portrait de Mgr Monnet, évêque de Pella.

78. Ecole italienne. — Vierge et enfant.

79. Inconnu. — Deux petits panneaux en hauteur.

80. Cozette (directeur de la manufacture des Gobelins au 18e siècle). — Vue de Cambrai en 1764, (aquarelle).

81. Schmitz. — Vue de Cambrai, époque du 1er empire.

82. Dessins grisaille — Jeux d'enfant.

83. Ecole flamande. — Deux volets de tryptique, donateurs.

84. Ecole flamande. — Côté de châsse avec plusieurs saints.

85. Ghérardt d'Anvers, (attribué à). — Henri IV, Sully.

86. id. id. id. — Louis XIV, Louis XVI.

87. Grohain. — La prise de Troie, (dessin).

88. S. Podevin. — Deux dessins en grisaille, jeux d'enfants.

89. — Tryptique des portefaix de Cambrai, St-Maur.

90. Auvray. — Offrande à saint Paul, (sépia).

91. Vue du temple de la sybille à Tivoli, (dessin).

92. Ecole française. — Saint Liébert.

93. Gravures. — Deux portraits de la famille de Carondelet, (cadres armoriés).

Tableaux des St-Aubert.

Les Saint-Aubert sont une dynastie de peintres Cambrésiens de réel talent. Le plus ancien : *Antoine-François St-Aubert*, naquit à Cambrai le 11 septembre 1715. Il était fils du jardinier de l'archevêque.

Mgr de St-Albin lui reconnaissant de grandes dispositions pour la peinture, l'envoya à ses frais à Paris et le confia aux soins de Watteau qui était lui-même un enfant de la Flandre. Ses compositions se ressentent de l'éducation du maître, et son talent le fit désigner pour être le

premier professeur de l'école de dessin de Cambrai (1782).
Son fils et son petit-fils marchèrent sur ses traces et laissèrent un renom mérité dans l'histoire artistique de la cité.

94. St-Aubert I.— Son portrait.
95.   id.   — Cascade de Frascati.
96.   id.   — Portrait de Ch. de St-Albin (buste).
97.   id.   — La Grand'Place de Cambrai.
98.   id.   — Cambrai en 1543, (gouache).
99.   id.   — Paysans près de ruines d'Italie.
100.   id.   — Repas galant en camaïeu bleu.
101.   id.   — Portrait de M. Douay-Mallet.
102.   id   — Vue du Faubourg de Proville.
103.   id.   — Portrait de Doisy, horloger cam-
                       bresien.
104.   id.   — Fête villageoise, bal au Castor.
105.   id.   — Scène de Zémire et Azor.
106.   id.   — Autre scène de Zémire et Azor,
                       (apparition du charmant).
107.   id.   — La cueille de la rose.
108.   id.   — « Veillons mes sœurs. »
109.   id.   — Portrait d'homme, cadre bois
                       sculpté.
110.   id.   — Vue de Cambrai, dessin mine de
                       plomb.

111. St-Aubert II. — Allégorie sur la première ré-
                       publique, (lavis).
112.   id.   — Alliance des Arts, (lavis).
113.   id.   — Son portrait.
114.   id.   —   id.   plus âgé.

115. St-Aubert III. — Vue de la Cathédrale, le jour
                       des funérailles de Mgr
                       Belmas.

116.	id.	— La descente de croix d'Anvers, (aquarelle d'après Rubens).

117.	id.	— Tableau trompe l'œil.

118.	id.	— Christ en grisaille.

119.	id.	— Cadre contenant 34 types cambresiens contemporains de l'auteur.

120.	id.	— Chapelle ardente du cardinal Giraud.

121.	id.	— Chapelle ardente de Mgr Belmas.

122.	id.	— (miniatures).Tête de jeune fille, d'après Flinck.

123.	id.	—	id.	Fénelon.

124.	id.	—	—	Me Flourens, mère.

125.	id.	—	—	Cte d'Arundel, d'après Van Dyck.

126.	id.	—	—	Tête de jeune femme (la Cenci).

127.	id.	—	—	Portraitdel'auteur.

128.	id.	—	—	Portrait d'homme.

129. Hubert. — (miniatures). Portrait.

130. Inconnu.—	—	Portrait de M. de Beslar.

131.	id.	— Groupes de miniatures et peintures au lavis.

132.	id.	— M. de Francqueville d'Abancourt (miniature).

133.	id.	— Une prise de voile gouache gothique.

134. Tableaux de Notre-Dame de Grâce de Cambrai.

135. Désoria. — Directeur de l'école de dessin et peinture de Cambrai.
La mort de Clorinde (épisode tiré du Tasse).

136. Van Dyck (d'après). — Mater dolorosa.

137. Van Balen (école). — Adoration des Anges.

138. Ecole bysantine. — Vierge sur fond or.

139. Ecole italienne. — Tête de saint Jean.

140. Inconnu (portrait). — L'archevêque Ch. de St-Albin (profil grisaille).

141. Inconnus (portraits). — Mgr Paul Boudot, suffragant de Cambrai.

142. id. — Mgr Gaspard Némius, archevêque de Cambrai.

143. id. — Le cardinal Corsini légat.

144. id. — Fénelon, cadre bois sculpté.

145. Philippe de Champagne (attribué à). — Portrait de F. Van-der-burch, archevêque de Cambrai.

146. Hyacinthe Rigaud. — Charles de St-Albin, archevêque de Cambrai, né en 1697, mort en 1764. Très beau tableau de la plus belle qualité, h. 1,70, l. 1,20 avec la bordure.

147. Gravure du tableau précédent par Schmidt.

148. Gravure : le Cardinal Dubois.

149- Antoine Taisne. — Grand portrait de Fénelon.

150. Momal. — Portrait de Mgr Belmas (mine de plomb).

151. Pérassin. — Aquarelle.

152. Inconnu. — Portrait du cardinal Giraud (dessin rehaussé).

153. Ecole gothique. — St-Géry délivrant les prisonniers.

154. École gothique. — Flèche de Notre-Dame de Cambrai au XVIII siècle (dessin).

155. Porte Notre-Dame à Cambrai, dessin.

156. Titien (d'après). — Figure allégorique.

157. Les tableaux et dessins omis.

158. Gravures diverses, plans, monuments de Cambrai. Nombreuses vues et plans de Cambrai, plans de siège avec cadres sculptés : notamment plan de Cambrai et plan de 1677.

Carte du Cambrésis, Hainaut, sur satin.

Plan du château du St-Sépulcre de Cambrai 1706.
Élévation de l'ancien hôtel de ville de Cambrai (dessin plume).
Élévation des clochers St-Martin Beffroi, coupe élévation. (Robiquet architecte).
Siège de Cambrai à vol d'oiseau, 1649. etc. etc. (sera divisé).

ÉTENDARDS & GUIDONS, BANNIÈRES ARMORIÉES, ÉTOFFES ANCIENNES.

159. Fragment d'étendard fleurdelysé, époque Louis XIV.

160. Guidon fleurdelysé, époque Louis XIV.

161. Étendard aux armes de Cambrai, XIXe siècle.

162. Bannière de procession, écusson peint.

163. id   id.   id.   id.

164. Étendard flamand de 1790 avec sujet peint des deux côtés.

165. Drapeau des archers de la Neuville-saint-Rémy, orné de peintures, histoire de saint Rémy.

166. Drapeau en coton avec peintures et inscriptions, fait pour l'arrivée de Louis XVIII à Cambrai.

167. Autre en satin blanc avec peinture : les armes de France, bordure en or fleurdelysé ; cet objet provient de la société des Royalistes en 1789.

168. Drapeau brodé par les demoiselles de saint Géry de Cambrai, offert à Madame la Duchesse d'Angoulême. Armes de France, dédicace et légende.

169. Premier drapeau de la garde nationale de 1830 et coq gaulois à la hampe.

170. Drapeau tricolore en laine, 1re république.

171. id,   id.   de la jeunesse de Neuvilly en Cambrésis, avec médaillon de saint Martin et inscriptions.

172. Grand drapeau aux armes de Cambrai.

173. Bannière du cours musical de Bouly, avec lyre et banderole à la hampe, lampas vert.

174. Médaillon de Bannière, soie brodée, époque Louis XIV : le Bon pasteur.

175. Petites bannières, armoiries de femmes brodées or et argent XVIe siècle.

176. Autre avec armoiries de Mell de Francqueville, abbesse de Marquette.

177. Autres avec fleurs de Lys,

178. Petite bannière avec armoiries brodées d'or.

179. Autre, forme guidon avec fleur de Lys.

180.   id.   id.   armoiries du chapitre de Cambrai

181. Autre, forme guidon, reproduction du drapeau du Régiment, du Cambrésis.

182. Chasuble avec bandes brodées en soie et or, saints divers sous des arceaux, travail gothique (réappliquée sur damas blanc) pièce remarquable par ses orfrois.

183. Partie de devant d'autel (ou anti-pende) broderie de soie et or, fleurs, insectes, oiseaux, travail époque Louis XIII.

184. Devant de dalmatique de héraut d'armes en brocard d'argent aux armes de Croy, avec bandes d'ornements, soutachées d'or, daté 1604.

185. Deux bandes en soie brodée de laine sur satin blanc, travail de l'époque Louis XIV.
Couvre calice Louis XIII à l'aiguille, monogramme du Christ.
Rondelle de chaperon brodée d'or, monogramme sur fond rouge, broderie or sur velours rouge époque Louis XIII, sainte Marguerite.
Couvre calice broderie argent et or, agneau pascal, époque gothique
Encadrement ovale broderie or sur soie Louis XIII.

Deux petits lambrequins, broderie or sur velours vert, époque Louis XIV.

Rondelle de chaperon : St-Esprit, argent sur velours rouge.

Christ en croix provenant d'une chape.

4 Personnages provenant d'un drap mortuaire, représentant Saint-Maur et portefaix, l'Agneau pascal dans une couronne d'épines (1693).

Chaperon avec Saint Jean-Baptiste, broderie de soie du XVIe siècle.

Autre avec Saint-Guislain, broderie de soie du XVIe siècle.

Morceau ovale broderie Louis XIII : la Résurection.

Manteau de statuette de Vierge avec Anges brodés en soie et or, époque Louis XIV.

Broderie argent avec Vierge peinte au centre, époque Louis XIV.

Gilet de soie Louis XVI, brodé à l'aiguille (de Monaldi).

Partie de bas d'aube brodée à l'aiguille : Saint Jean de Matha et l'Annonciation 1739.

Gilet Louis XVI. broderie en soie, fraises.

Médaillon de bannière représentant saint Guislain.

Broderie soie argent, dentelle, époque Louis XIV. 4 Motifs de bannière peinture à l'huile.

Une Vierge, 2 saint André, 1 saint Roch (peste de Cambrai 1649), 5 motifs de bannière, saint Waast, Ange gardien, saint Martin, Assomption et le Rosaire. (Ce numéro sera divisé).

FAIENCES ANCIENNES, VERRERIE

Desvres. — Plat décor paysage en bleu.
   id.   —   id.   cavalier.
   id.   —   id.   fleurs.

Beauvais. — Plat à calvaire.
Rouen. — Plat à décor bleu.
Lille. — Pichet à bière.
  id. —   id. en grès de Flandre.
Delft. — Cafetière.
Nevers. — Pichet à devise patriotique et fleur de lys.
Ferrière-la-Petite — Assiette décor au barbeau polychrome terre de pipe.
Faïence italienne. — Vase de pharmacie.
          id.   — Vases de pharmacie divers.
Strasbourg. — Soupière et son plat.
      id.   — Deux tasses (Saint-Amand)
      id.   — Soupière sans couvercle.
Chine. — Deux tasses capucine.
Lille. — Pichet à bière, décor bleu.
Delft. — Porte-burette, décor bleu.
Lille. — Vase décor bleu, forme Médicis fêlé.
Valenciennes, — Soupière et son plateau, faïence décor bleu.
Rouen. — Fontaine, décor polychrome.
  id.   — Porte-burettes avec burettes en verre.
Lille. — Pichet décors rubans, anse refaite.
  id.   — Corbeille de fleurs et fruits.
Rouen. — Jardinière décor fleurs polychrome.
Desvres. — Plat décor, palmettes bleu.
Rouen. — Compotier bords festonnés, même décor.
      id.   —   id.   id.   id
      id.   — Presentoir, décor à la corbeille.
      id.   —   id.   id.
Delft. — Cafetière polychrome surface godronée réparée.
Rouen. — Encrier polychrome.
Delft. — Rossignol, décor bleu jouet.
Marseille. — (imitation) Encrier.

Petite cafetière, faïence de Douai.

Nevers. — Encrier.

Beauvais. — Encrier en grès.

Japon ancien. — Tasse et soucoupe extérieur capucine.

Nevers. — Salière.

Saxe. — Deux salières émail pieds fracturés.
Bouteillles en verre noir armoriées du XVI° siècle.
Pièces verre et cristal taillé et gravé.
Pièces diverses.

VITRAUX ANCIENS

Vitrail époque Louis XIII. saint Jérôme (fêlé).
  id.   id.   saint Pierre   id.
  id.   bistre la chaste Suzanne (fêlé).
  id.   id. Suzanne condamnant les vieillards.
  id.   XVI° siècle, le calvaire.
  id.   tourments de l'enfer 1645.
  id.   bistre. David rapp la tête de Goliath XVI° siècle.
  id.   id.   saint André XVII° siècle.
  id.   la Vierge, polychrome (fêlé) Louis XIII.
  id.   sainte Barbe
  id.   bistre, armoiries avec devise : *on y parvient de
       gavre.*
  id   bistre saint Gilles abbé, daté 1518.
Vitrail saint Pierre prisonnier.
  id.   armoirie de l'abbaye d'Anchin (fêlé.)
  id.   id.   inconnues Louis XIII.
  id.   composé de morceaux anciens.
  id.   id.   id.   id.
  id.   L'enfant prodigue gardant les pourceaux, bistre,
       Louis XIII, (fêlé.)
  id.   L'enfant prodigue retour au foyer, bistre, Louis
       XIII, (fêlé.

OBJETS PRÉHISTORIQUES, GALLO ROMAINS, MÉROVINGIENS, GOTHIQUES ET DU XVIᵉ SIÈCLE·

Objets préhistoriques et de l'âge de pierre polie : aiguilles, haches, pointes de javelots, couteaux, grattoirs, dents de rennes, cornes de rennes et défenses de sangliers.

Coupes contenant des grains de colliers en verroterie. Pierre taillée, terre cuite et terre vernissée des époques préhistoriques et gallo Romaines, statuettes gallo-romaines, bronze.

Cuillères à encens, cabochons provenant de vases, fibules, parties de ceinturons, bagues, haches en bronze, pieds de vases, époque Gallo Romaine.

Série considérable d'épingles de coiffure en os, ivoire, bronze, épingles doubles à torses et doubles crochets, épingles diverses gallo-romaines, débris divers, anneaux, stylets, terres cuites des premiers siècles chrétiens en Gaule, têtes de statuettes brisées, statuettes d'enfant tenant la boule du monde avec la croix, une figure à la tête, toutes ont les pieds fracturées, parties de figures torses, tenant le chapelet et le globe : autres tenant le saint Esprit.

Fragments de statuettes gothiques, évêques, vierges, prêtre et saint Michel.

Une petite figure assise tenant deux globes surmontés de croix (sans tête).

Jetons poids (osselets en bronze), dé en ivoire.

Pièces verre gallo-romain, masques, coupe, débris de flacons lacrymatoires et corne, verre, fibules mérovingiennes, agrafes de vêtements et de ceintures, porte clefs en bronze ciselé et parties dorées et gravées, cabochons de clous, poignées et pieds de meubles, objets de destination diverses.

Bagues gothiques et autres verroteries, pièces cornaline et agathe, cuillères, couteaux, dessus de coffret cuivre gravé du XVI° siècle, châtelaines, entrées de serrures, décorations diverses.

Instrument de chirurgie gothiques, presselles, fibules mérovingiennes, *un éperon gothique en bronze*, traîneaux de fourreaux d'épées et poignards, sifflets ivoire et plomb, tintinabulum. une série de boucles de ceinture en bronze des époques gallo-romaine, mérovingienne, gothique, renaissance, jusqu'à l'époque Louis XVI.

Réunion d'objets usuels tels que : balances, fléaux de balances, chaînettes, ciseaux de sculpture, bagues, boutons, poignées de coffret, compas, poignée d'épée, poids en terre cuite, lampes en terre cuite gallo-romaines et objets divers, guimbarde, série de dés à coudre de différentes tailles, fermoire de coffret ; aigrette de coiffures des époques gallo-romaine, romane et gothique.

Une série de chaînettes de balances, d'objets provenant d'outils, de coffrets, charnières et agrafes, divers objets en fer forgé des époques préhistoriques, haches, marteaux, ciseaux et outils divers, une série de clefs. Vases, jarre, amphore, colliers, etc., etc.

(120 lots environ qui pourront être divisés).

SCULPTURES & DÉBRIS ARCHÉOLOGIQUES

Qui seront vendus, sur place, le Jeudi 12 Décembre 1889, à 9 h. 1/2, et le lendemain s'il y a lieu à la même heure.

Manteau de cheminée du XVI° siècle (1540), provenant de l'abbaye du Saint-Sépulcre de Cambrai, avec armes et armoiries de l'abbaye et de l'abbé ; au centre une résurrection (grès) travail absolument remarquable.

Deux gaines à masques et fruits, ayant servi de support
à un manteau de cheminée ; pierre de Tournai
époque Louis XIII.

Deux gaines consoles en marbre gris sculpté pour une
cheminée, époque Louis XIII, art flamand.

Pierre, fragment de statue d'abbé mitré.
   id.   la Foi figure assise, XVIe siècle.
   id.   fragment figure debout, tenant un livre.
   id.   fragment figure debout, tenant un livre et sa
          robe.
   id.   id.   St-Jean dans le désert, XVe siècle.
   id.   id.   Tête de Christ, grosseur nature XVIe
          siècle.

Sous une niche, morceaux de sculpture des époques
Romane et gothique, débris de statues, chapiteaux,
fûts très remarquables

Plaques en fonte du XVIIIe siècle, provenant de cheminées.

Morceaux de frises, statues, fûts, socles du XVe et
XVI siècle.

Balustres, sculptés du XVe siècle

Pierres tombales, fragment.

Deux colonnes en grès cannelés avec chapiteaux, époque
Renaissance.

Poutre et ses consoles en bois sculpté, époque L. XIII.

Sculptures armoiriées, pierres datées, mortiers romans
et autres du XIV, XV et XVI siècles.

Porte en fer, travail Louis XII, anneau trilobé.

Grande potence en fer forgé exécutée en 1720, pour le
Congrès des plaisirs avec socle en grès.

Bombarde en fer forgé du XVe siècle, culasse de canon.

Bombe en fer fondu de l'époque Louis XIV.

Fonts baptismaux en grès sculpté, fleurdelysé et cep de
vigne, époque Romane.

Mortiers à compartiments, pierre de Tournai :
1° un à deux compartiments.
2° id. trois   id.   daté 1665.
3° id. six   id.   pièces très rares, décrites
et publiées.

Sept mortiers à un compartiment, formes variées ; une
borne de route royale pour les états du Cambrésis
XVIIIe siècle.

Clef de voûte de la Tour-des-Amoureux de Cambrai,
ornée de feuille et d'un petit masque, XVe siècle.

Quatre cariatides en pierre sculptée, époque Louis XIII,
provenant de cheminées ou portant des balcons.

Deux côtés montant de cheminée en pierre de Tournai
sculptée époque Louis XIII.

Deux colonnes en pierre de Soignies, cannelées.

Fronton en marbre statuaire gris, armoiries de la
famille d'Aneux.

Carillon de huit cloches de Jacques Perdrix, (seront
vendues séparément).

Deux gros fûts cannelés en relief, XVIe siècle.

Fonds baptismaux, romans à feuilles.

Croix avec épitaphe, datée de 1688, grès gris.

Pierres tombales avec motifs gravés du 14 au 16e siècle,
etc., etc.

Tapisserie d'Aubusson. — Passage du Granique.

Deux colonnes, chêne époque Louis XVI.

Six colonnes et demi-colonnes, chêne époque L. XVI.

Ourdissoir, anciennes mesures cambresiennes.

Belle horloge à gaine sculptée

FERRONNERIE

Entrées de serrures découpées — boutons de porte —
loquets et loquetaux — verrous — motifs divers —
pentures de porte, etc.

Motifs de frises en fer repoussé.

Porte enseigne — appliques.

Vase en fer, dessus de poêle avec bouquet de fleurs.

Palmier, dessus de poêle

Pieds de meubles en cuivre — entrées de serrures, motifs divers.

Carcans, instruments de supplice.

Diverses pièces de fer forgé, ouvrages de construction : 1572, etc.

Crêtes de maisons, morceaux de balcon 1617 et XVIIIe siècle.

Réunion de motifs en fer, entrées de serrures et autres, formant deux rideaux sur treillis de fil de fer.

Motif ovale à palmes de fer repoussé.

Dessus de puits.

Poële en fonte, fer et cuivre, avec dessus en pyramide, époque Louis XVI, etc , etc.
(Les lots pourront être divisés).

Bassinoires en cuivre repoussé.

Grils, Crémaillères diverses, époque Louis XVI.

Série de poids aux armes de Cambrai.

Plaques en fonte.

Plaque en fonte de 1584 aux armes de Charles-Quint.
  id.   Pomonne 1736.
  id.   armoiries des 17 provinces 1592.
  id.   armoiries de France 1699.
  id.   scène de siège du premier Empire.
  id,   aux armes de Montmorency.
  id.   Vénus et Vulcain.
  id.   fous de Roi.
  id.   vieux ménage.
  id.   époque Louis XIV.
  id·   des 17 provinces, collées de la Toison d'or.

Plusieurs autres plaques seront vendues le même jour que les fragments architecturaux et les débris archéologiques.

Chaises flamandes, deux chaises cuir, époque Rubens.

CURIOSITÉS

Parmi les nombreux objets de cette série, qu'il n'est pas possible de détailler tous, nous citerons notamment :

Canne d'archevêque portant l'inscription, H. M. B. de Fleury, archevêque de Cambrai, 1776.

Bâton de pèlerin.

Bâton de Bedeau avec figure de saint Nicolas.

Deux serpents en fer repoussé.

Glace Louis XV, cadre en bois sculpté. Armes des peintres de Cambrai.

Deux consoles appliques Louis XIV, cadre en bois sculpté doré.

Deux appliques bronze Louis XV, redorées.

Glace cadre bois sculpté, époque Louis XV.

Petites appliques en cuivre repoussé.

Couronnes provenant de vierges.

Consoles appliques. .

Monstrance de l'époque Louis XIV en cuivre.

Reliquaire en cuivre.

Six animaux chimériques en bois sculpté, provenant des fêtes de Cambrai, dont deux très curieux.

Tableau en cuivre repoussé avec cadre en ébène, orné de sujet en bronze et pièces gravées sur les volets, au centre la Cène.

Cadre ovale, bois sculpté Louis XIV, contenant un encadrement en passementerie de même époque.

Cadres ovales contenant des armoiries cuivre repoussé.

Médaillon ivoire, époque Louis XVI, amour en chassant d'autres et chien chassant le renard au revers.

Figure de saint près d'une église, petit ivoire gothique.

Reliquaire en verre, époque L. XIII, monture argent.
   id.   ébène, et nombreux saints.
   id.   très petit ; bois sculpté.

Croix Lorraine avec christ en relief bronze.

Quarante plaques environ gravées et repoussées à armoiries et inscriptions et plaques de gardes particuliers et civiques.

Sommet de bâton de procession en bronze renaissance.

Manches de couteaux dont un en bois, époques renaissance et Louis XIII.

Eventails divers.

Pipes en terre de l'époque Louis XIV, etc., etc.

Sceptre de roi des Archers, époque Louis XIV, St-Sébastien.

Pièce d'ivoire gravée et armoriée pour archers, époque Louis XIII.

Pièce d'ivoire gravée et armoriée pour archers, gravée et datée 1657.

Cadre ovale L. XIV avec broderie de soie : Assomption.
   id.   avec vierge L. XIV.
   id.   Louis XVI.

Médaillon bronze . Cardinal Giraud, par Tolis.
     id.   maréchal Mortier, par Barre.

Vierge de l'époque gothique provenant d'un lustre.

Petits flambeaux gothiques.

Deux Salières, modèles différents, Louis XVI, argent.

Quarante pièces environ en ivoire, bois, bronze, pierre, marbre, sujets et statuettes.

Pendule de l'époque L. XVI, avec mouvement de Leroy de Paris, surmontée d'un trophée militaire et supportée par trois figures d'enfants cariatides, bronze ciselé et doré.

Christ bysantin avec cadre sculpté Louis XIII.

Pendule à accrocher, de l'époque L. XV, mouvement de Doisy, à Cambrai.

Coffre-fort en fer, époque Louis XIII, avec serrure
  découpée.

Coffrets de l'époque gothique, chêne sculpté.

Paire de chenêts, époque Louis XV, bronze verni.

Coffret à bijoux étoffe et paille Louis XVI.
  id.   id.   plus grand, paille Louis XIV.

Paire de flambeaux cuivre uni Louis XIV.

Boîte avec gravure en couleurs, L. XVI et Henri IV.
  id. ivoire, découpé et piqué d'acier Louis XVI.
  id.   id.   avec broderie Louis XVI, arbre.
  id.   id.   en pâte vernis de Martin, cerclée argent
  Louis XVI.

Boîte tabatière écaille, piquée d'argent,
  id.   écaille, ivoire et cuir.

Passementeries prov. de reliq., Louis XIV.

Objets de Vitrine.

Nous noterons parmi ces objets :

Médaille cuivre doré Saint Luc 1696.

Plaque pectorale, époque Louis XIII, Saint-Ghislain
  (bronze doré).

Bouton à cabochon et filigrane d'or.

Nacre sculpté, Notre-Dame.

Collier de coques de montres, Louis XIV, avec croix
  filigrane d'argent doré.

Nombreuses coques de montres, époque Louis XIV.

Croix en bronze gothique (de chapelet).
  id.   id.   avec Christ argenté.

Deux autres bois et bronze.

Croix reliquaire cuivre gravé, Minimes 1639.

Montre de l'époque Louis XIV, boitier argent gravé
  repercé à double cuvette et à répétition (Picard à
  Cambrai).

Autre par Gaudron, à Paris.

Boîtier de monte, cuivre Louis XIV.

Autre de l'époque Louis XVI, bronze doré.

Mouvement de l'époque Louis XIV, (Courtois à Cambrai).

Montre argent à personnages, époque Louis XVIII.

Un volume reliure broderie et paillettes, étrennes spirituelles de l'époque Louis XVI (1776).

Tabatière argent doré gravé, époque Louis Philippe.

Bonbonnière carrée Louis XV, à figure en repoussé et gravure bas relief en cuivre, vierges diverses.

Bagues, chatons gothiques et renaissance.

Bague Louis XIV, ornée d'un grenat.

Bague à cabochon de cristal blanc.

Croix Jeannette ornée de roses en or.

Autre à cabochons, époque Louis XV.

Plaque de reliquaire de l'époque gothique et figure de Saint-Sébastien.

Croix de chapelet avec bataille.

Christs en ivoire, fracturés.

Médaillon de chapelet avec émaux, travail espagnol.

Châtelaine, bronze doré, époque Louis XVI.

Petit trousseau avec ses clefs du XVIe siècle.

Collection de fermoirs de livres gothiques en cuivre, gravé et ciselés, plusieurs fermoirs romans écoinçons de livres, cabochons et objets divers.

Outils de relieurs, instruments à dorer le cuir.

Collection de clefs gothiques renaissance jusqu'à l'époque Louis XIV, bronze et fer, quatre-vingt pièces environ.

Objets relatifs au culte et à N.-D. de Grâce.

Iconographie du culte de N.-D. de Grâce à Cambrai — Nombreux cadres contenant des images toile ou panneau, sur papier ou sur vélin.

Cadres simples ou sculptés contenant des images de saints ou saintes, broderies, enluminures, gouache.

Cadre contenant aquarelles de l'époque représentant les ruines de Notre-Dame (Eglise cathédrale de Cambrai) démolie vers 1796.

Plan de Notre-Dame (Eglise cathédrale de Cambrai), travail fait d'après des reconstitutions et les données les plus sérieuses.

Plaques en cuivre gravé représentant Notre-Dame de Grâce

Bijoux anciens, filigranes, chapelet avec l'image de N.-D. etc., etc.

Objets relatifs à Fénelon.

Projet de monument à élever à Fénelon.

Diverses pièces y relatives accompagnées d'autographes de Fénelon.

Médaillon en bronze de Fénelon par Cauchois.

Gauthier. — Dessin du monument funéraire de Fénelon, plan, coupe, élévation.

    id. — Vue du tombeau, 1er projet.

Iconographie de Fénelon : portefeuille de gravures représentant l'illustre archevêque ou concernant des épisodes de sa vie et de ses ouvrages, etc.

Découpures de Cadet-Roussel.

Cadet-Roussel était un artiste cambrésien qui vivait avant la Révolution et s'exerçait dans l'art très pratiqué à cette époque, de la découpure sur papier et sur vélin. Il excellait à représenter par ce procédé les vues des principaux monuments de la ville et les scènes populaires d'alors.

La collection possède de nombreuses pièces fort curieuses du légendaire artiste dont :

L'arrestation de Louis XVI à Varennes, qui figurait à Lille à l'Exposition du centenaire de la Révolution.

Cadre contenant le portrait et la biographie de Cadet-
Roussel et 14 petits sujets variés.

Petites découpures, motifs divers, pouvant s'adapter
autour du cadre, 7 pièces.

30 autres pièces environ, encadrées, de toutes dimen-
sions intéressantes et documentaires par leur fidélité
historique.

(Ces découpures seront vendues séparément.)

Objets relatifs à la période révolu-tionnaire, Empire, Restauration.

Pièces pour bons de pain, cartes de sûreté et autres,
concernant la première République.

Brevets, congés militaires, assignats.

Bonbonnière représentant Louis XVI et Marie-Antoi-
nette. — Grès de la fabrique de Douai.

Arrestation de Louis XVI à Varennes. Découpures et
autres sujets. Buste de Louis XVI.

Petits portraits en médaillons de MM. Codron et Douai
fils, maires de Cambrai, aquarelle.

Plaques de postes, boutons du district de Cambrai, etc.

Prière à l'Etre Suprême.

Autographes de Carnot, Vaudamme, Lebrun, Merlin,
Portalis, Santerre, Joseph Lebon, Dumouriez.

Portraits de Joseph Lebon.

Gravures de l'époque contre Joseph Lebon.
Sabre de la première république, poignée en bronze,
réputé par tradition avoir appartenu en 1793 au représentant du peuple à Cambrai et à Arras, *Joseph
Lebon*. Provient de la collection Petit d'Arras.

Tire-bourre et porte-mèche d'ancienne artillerie.

Diverses armes : cuirasse, sabres, fourreaux, casques,
coiffures militaires, la plupart de la Restauration.

Pertuisane.

Paire de pistolets à pierre d'arçon.

Lavis et aquarelles de l'école de Debucourt, Boilly.

Quelques gravures des suites militaires de Vernet, gravures de Boilly, lithographies, etc.

Ancienne imagerie de Cambrai, costumes intéressants, scènes militaires.

Plaques dessus de coffrets, vernis Martin époque empire, scènes de plaisirs champêtres.

Gravures de mode de 1806.

Enseignes cambresiennes : Deux soldats de l'Empire.

Instruments de Musique.

Serpent de lutrin.

Trombonne à tête de serpent.

Bonnet chinois.

Deux tambours, dont un du régiment de Flandre.

Autre tambour plus petit, provenant des Compagnies bourgeoises avant 1789.

Diverses enseignes.

Cambrai — Imp. Halluin-Carion et Cᵉ

9 782329 551944